BEI GRIN MACHT SICH IHR WISSEN BEZAHLT

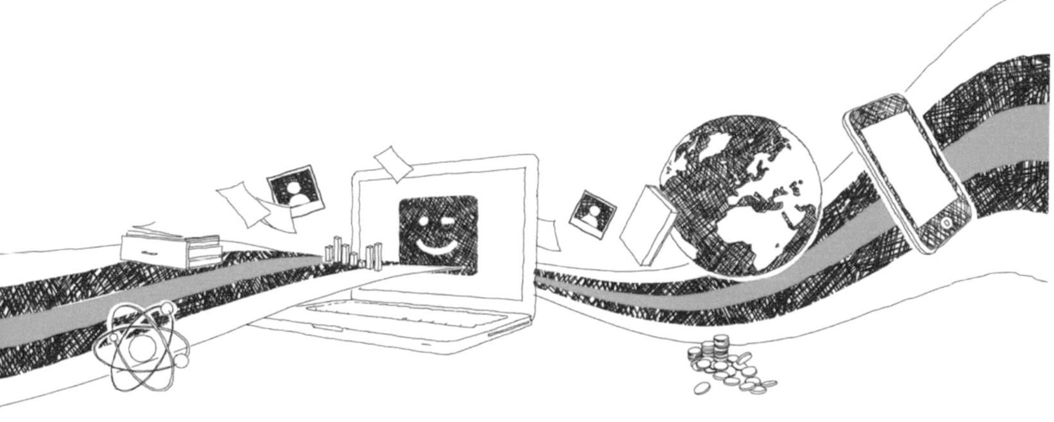

- Wir veröffentlichen Ihre Hausarbeit, Bachelor- und Masterarbeit

- Ihr eigenes eBook und Buch - weltweit in allen wichtigen Shops

- Verdienen Sie an jedem Verkauf

Jetzt bei www.GRIN.com hochladen und kostenlos publizieren

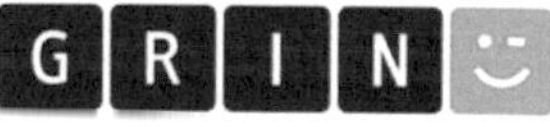

Monika Spiller

Camille Corot - Meister der Stimmungslandschaft in der französischen Malerei des 19. Jahrhunderts

GRIN Verlag

Bibliografische Information der Deutschen Nationalbibliothek:

Die Deutsche Bibliothek verzeichnet diese Publikation in der Deutschen National-
bibliografie; detaillierte bibliografische Daten sind im Internet über http://dnb.d-
nb.de/ abrufbar.

Impressum:

Copyright © 2011 GRIN Verlag, Open Publishing GmbH
Druck und Bindung: Books on Demand GmbH, Norderstedt Germany
ISBN: 978-3-640-83518-8

Dieses Buch bei GRIN:

http://www.grin.com/de/e-book/167048/camille-corot-meister-der-stimmungsland-
schaft-in-der-franzoesischen-malerei

MONIKA SPILLER

Camille Corot –
Meister der Stimmungslandschaft in der französischen Malerei des
19. Jahrhunderts

> *Ein Mensch darf erst dann Künstler werden, wenn er in sich eine starke*
> *Leidenschaft für die Natur erkannt hat und die Fähigkeit, ihr mit einer*
> *Beharrlichkeit nachzugehen, die durch nichts zu erschüttern ist.*
> Camille Corot

„C'est comme un Corot!" Dieser Ausruf als Ausdruck tiefen Ergriffenseins oder gar Entzückens stammt – und das mag überraschen – von Pablo Picasso. Bernhard Geiser (1) überlieferte ihn uns und so beschrieb er die Szene, die ihn hervorgerufen hatte: „… Picasso nahm auf einem schmalen Steinsockel Platz und schaute unverwandt über den Fluss nach der Altstadt. Es lag noch kein Schnee auf den Dächern, aber an den Bäumen und Sträuchern hatte sich Frost angesetzt. Ein dünner Nebel lagerte in geringer Höhe über den hochragenden Häuserzeilen und umwob ganz leicht die Spitze der Kathedrale. Schon versuchten wärmende Sonnenstrahlen den weißen Schleier zu durchdringen und auf einmal standen die flusswärts gelegenen Häuserfronten in einem milden, zauberhaften Licht. Picasso war wie gebannt. „C'est comme un Corot!", entfuhr es seinem Munde. Nun wusste ich, dass ihm Bern gefiel." (2)

Corots unbestrittener Rang als Meister der Stimmungs-Landschaft in der französischen Malerei des 19. Jahrhunderts rührt zweifellos von Bildern dieser Art her, die weniger durch die Wahl eines bestimmten, pittoresken Landschaftsausschnitts, sondern vor allen durch den ganz eigentümlichen atmosphärischen Reiz anrühren, der von ihnen ausgeht. Sie begründeten seine etwa seit Mitte des 19. Jahrhunderts wachsende Beliebtheit. Viele mögen instinktiv Corots eigener Empfehlung zum Umgang mit seinen Bildern gefolgt sein, wenn er sagt: „Um in meine Malerei hineinzukommen, muss man wenigstens Geduld haben zu warten, bis sich der Nebel verzieht. Man kommt nur langsam hinein, aber wenn man einmal drin ist, muss einem wohl sein, denn meine Freunde bleiben alle drin." (3)

Der unnachahmlichste und zugleich am meisten imitierte Landschafter des 19. Jahrhunderts in Frankreich (die Zahl der Fälschungen geht in die Tausende!), den George Besson neben Eugène Delacroix, Honore Daumier, Gustave Courbet und anderen zu den „Blutspendern" (4), den Wegbereitern der modernen Kunst zählte, war ein künstlerischer Außenseiter, er stand quer zu allen Richtungen, war „so unabhängig, wie es kaum jemand in seinem Jahrhundert gab, Cézanne inbegriffen." (5) Anders als beispielsweise bei Courbet oder Daumier fehlen in Corots Werk durchweg deutliche Zeitbezüge; er scheint, unberührt von den bewegenden historischen Ereignissen und auch von den heftigen Kunstkämpfen seiner Zeit, gestützt durch sein Lebensmotto „Confiance et Conscience", seinen eigenen Weg gesucht und gefunden zu haben. Für die Entwicklung der Landschaftsmalerei sind Corots empfindungsreiche, wahrheitsgetreue, den Licht- und Farbwerten nachspürenden Naturstudien von bleibender Bedeutung – die Impressionisten verdanken ihm nicht wenig. In seiner Salonkritik von 1845 bemerkte Baudelaire: „A la tête de l'école moderne du paysage se place Monsieur Corot" und betont zugleich, dass Corots Einfluss in der Landschaftsmalerei der jüngeren Generation sichtbar sei. (6)

Inmitten einer Zeit folgenreicher gesellschaftlicher Umwälzungen wurde Jean Baptiste Camille Corot am 17. Juli 1796 in Paris geboren. Die Mutter besaß ein in vornehmen Kreisen geschätztes Putzmacheratelier. So wuchs der Knabe in gesicherten bürgerlichen Verhältnissen auf, absolvierte, ziemlich ehrgeizlos, das Gymnasium in Rouen und trat schließlich, dem Wunsche der Eltern folgend, eine kaufmännische Lehre bei einem Tuchmacher an. Schon während der Schulzeit nutzte er jede frei Minute für seine eigentliche Leidenschaft, das Malen und Zeichnen, entschied sich jedoch erst im Alter von sechsundzwanzig Jahren zu einem Leben für die Kunst. Eine von den Eltern gewährte Jahresrente von eintausendfünfhundert Francs gab ihm die finanzielle Sicherheit dazu und bewahrte ihn vor einem Existenzkampf, wie er zahlreichen seiner Künstlerkollegen auferlegt war.

Sein erster Lehrer, der gleichaltrige, hochbegabte Achille Etna Michallon (1796-1822), hatte 1817 als erster den Rom-Preis der Académie des Beaux-Arts für das Landschaftsfach errungen. Nach Michallons frühem Tod setzte Corot seine Studien bei Jean-Victor Bertin fort, der gleich Michallon ein Vertreter der klassischen französischen Landschaftsschule in der Nachfolge von Nicolas Poussin war. Diese folgte bekanntlich dem Grundprinzip, ausgewählte Partien realer Landschaft, deren Darstellung ein intensives Naturstudium voraussetzte, zu einer Ideallandschaft zu komponieren, die dann den Schauplatz für mythologische oder religiöse Szenen abgeben konnte. Corot unterbrach sein Studium häufig, unternahm ausgedehnte Streifzüge in die Natur, suchte in der Umgebung von Paris und Rouen, im Wald von Fontainebleau und im lieblichen Ville d'Avray, wo die Familie ein Landhaus besaß, nach Motiven. Früh wurde seine deutliche Neigung zur Landschaftsmalerei offenbar. Über seine Studienzeit urteilte er ganz lapidar: „Zuerst war ich Schüler von Michallon. Nachdem ich ihn verloren hatte, trat ich ins Atelier von Victor Bertin ein. Dann warf ich mich ganz allein auf die Natur, und das ist alles." (7)

Corot, von Herkunft und Denken weit mehr ein Mann der Tradition als der Neuerung, hielt es zunächst auch auf seinem Ausbildungsweg mit den tradierten Gepflogenheiten; seit Dürer war die Studienreise nach Italien mehr und mehr zum festen Bestandteil künstlerischer Ausbildung geworden. So reiste auch

Corot im Herbst 1825 aus Paris ab und traf im Dezember in Rom ein. (8) Dort, wo seit 1666 als Niederlassung der Académie des Beaux Arts die Académie de France à Rome als Lehrstätte und Hort der offiziellen französischen Kunst bestand, begegnete er vor allem Landschaftern der neoklassizistischen Richtung, wie Guillaume Bodinier oder Francois Edouard Bertin. Anders, als viele Berufsgenossen vor ihm, zog es Corot nicht zu den Meisterwerken antiker oder klassischer Kunst. Er fand während der drei Jahre (1825-28) seines Rom-Aufenthalts nicht einmal den Weg in die Sixtina vor Michelangelos gigantische Fresken. Er sah sie erst während seines dritten Italien-Aufenthalts 1843. Ihm bot die Landschaft alles, was er zum Malen nötig hatte: das unmittelbare Naturerlebnis mit seiner unerschöpflichen Vielfalt und Wandelbarkeit im Spiel von Licht, Luft und Farbe. In jenen Jahren in Rom schuf er das Fundament seines Lebenswerks. „So überzeugter Realist ist Corot kaum je wieder gewesen… Manches der allerersten Zeit grenzt an das Topographische“, urteilte Julius Meier-Graefe. (9) Mit nahezu vedutenhafter Detailtreue erschießt sich sein *Blick auf das Forum Romanum* (1826, Paris, Louvre) dem Betrachter. Diese für sein Frühwerk so charakteristische Art des genauen Aufzeichnens (in einer Tagebuchnotiz gegen Ende seines ersten Rom-Aufenthalts formulierte er sein Credo: „Il ne faut laisser d'indécision dans aucun chose…“) soll bei den klassisch geschulten und technisch versierten Stipendiaten der Académie de France spöttische Heiterkeit ausgelöst haben. (10) Im Café Greco, Roms Künstlertreff, witzelte man über seinen Fleiß. Hingegen erkannte Théodore Caruelle d'Aligny (1798-1871), ein früherer Atelierkamerad aus der Zeit bei Bertin, Corots Talent; nun wurde der Jüngere dem Älteren zum Mentor. Gemeinsam arbeiteten sie dort, wo auch die deutschen, englischen und dänischen Malerkollegen bevorzugt ihre Studien trieben, in der römischen Campagna, in Olevano, La Cervara, Subiaco, Civita Castellana. „So unzählig sind die Motive in der Umgegend Roms und verblüffend mannigfach… es war, als suchte er möglichst viele Formen in sich aufzunehmen, um daraus nachher eine Einheit zu bilden. Tatsächlich hat er aus mancher Landschaft der ersten römischen Zeit ein viertel Jahrhundert später die Szene zauberischer Feste geschaffen“ (11), zum Beispiel aus jener *Parklandschaft mit Kolosseum im Hintergrund* (1826, früher Galerie Doria) sein im Salon von 1851 so erfolgreiches Gemälde *Morgenfrühe. Tanz der Nymphen*, mit dem er einen Bildtypus schuf, der ganze Fälscherwerkstätten in Frankreich und Südrussland angesichts einer überaus regen Publikumsnachfrage florieren ließ.
Auch wenn man nicht so weit gehen will, Corots Schülerzeit bei den klassisch orientierten Malern Michallon und Bertin als „verlorene Zeit“ (12) anzusehen, so bleibt doch unübersehbar, dass sich an ihm wiederholte, was Generationen von Malern unter dem hohen, lichten Himmel des Südens widerfahren war: hier fand er die ihm gemäße Art zu malen. Wie er selbst diese erste Begegnung mit Italien empfand, verdeutlicht ein Brief an den Freund Abel Osmond vom März 1826: „Du kannst dir keinen Begriff von dem Wetter machen, das wir in Rom haben… es ist immer schön. Aber dafür strahlt die Sonne auch ein Licht aus, das

mich zur Verzweiflung treibt. Ich fühle die ganze Ohnmacht meiner Palette... Es gibt wahrlich Tage, an denen man alles zum Teufel wünschen möchte." (13) Der ersten, entscheidenden Italienreise folgten zwei weitere; sie konnten nur mehr befestigen, was den Gewinn der ersten ausmachte und führten ihn zu einem fast klassisch ausgewogenen Verhältnis von Struktur und Sinnlichkeit. Allerdings widerspiegeln bereits die frühen, mit breitem, energischen Pinselduktus und durchsichtig wirkendem, sprödem Farbauftrag hingeworfenen Naturstudien – so beispielsweise *Der Albaner See* (1826) – wie trefflich er mit der malerischen Herausforderung des südlichem Lichts und seiner Wirkung auf die Farben fertig zu werden verstand. Diese Skizze, leicht und zugleich sicher gebaut, zeigt eines der bevorzugten Motive in Corots Landschaftsmalerei: einen dieser Ruhe atmenden Teich- oder Seewinkel, eingebettet in üppige, frühlingsfrische Vegetation. Bis ins Spätwerk hinein – denken wir an *Erinnerung an Mortefontaine* (1864) oder *Erinnerung an Coubron* (1872) – begegnen wir jenem einfachen Kompositionsschema immer wieder: wenige mächtige, meist weitausladende oder auch biegsam-zarte Bäume im Vordergrund geben dem im Mittelgrund liegenden, oft dunstig verschwommenen Wasserspiegel einen feingliedrigen Rahmen. Nicht selten verschmelzen Horizontlinie und Himmel in der Tiefe des Bildraums und menschliche Figuren erscheinen nicht, wie bei den klassischen Vorbildern, als Handlungsträger mythologischer oder religiöser Szenen, sondern sie gehen gleichsam in die Landschaft ein, antworten ihrer Stimmung, betonen und verstärken sie.

Als die Kontroverse zwischen der klassizistischen und der romantischen Schule der französischen Malerei ihren Höhepunkt erreicht hatte, stand Camille Corot am Beginn seines Malerlebens. Er debütierte in jenem Salon von 1827, in dem zwei exemplarische Gemälde beider Richtungen – Dominique Ingres' *Apotheose Homers*, gleichsam eine Manifestation klassizistischer Maltradition, dem glutvollen, emotionsgeladenen *Tod des Sardanapal* von Eugène Delacroix – einander gegenüberstanden. Bekanntlich ging der Salon von 1827 als Triumph der Romantik in die Kunstgeschichte ein.

Corot bestritt sein Salondebüt mit zwei noch von Italien aus eingesandten Gemälden, sorgfältig nach klassischem Formenkanon ausgeführten Kompositionen, die ihn als treuen Bertin-Schüler ausweisen. In ihnen war von der bestechenden Frische, Unverfälschtheit und Kühnheit der Sicht seiner Naturstudien nichts mehr übrig geblieben. Hatte er in den vor der Landschaft in oft genialem Wurf gewonnenen Skizzen – „fliegende Scherzos.. prestissimo heruntergespielt" (14) – in denen sich Formvereinfachung, sicherer Bildaufbau, Klarheit des Freilichts und lebendige Handschrift zu einer neuen Landschaftsauffassung verbanden, die Grenzen der Tradition überschritten, Romantik wie auch Klassizismus hinter sich gelassen und dem Impressionismus Wege geöffnet, so nahm er in den Kompositionen für den offiziellen Salon zurück, was er in den Naturstudien gewonnen hatte. Dieser Zwiespalt zwischen Traditionsbewahrung unter dem Diktat des Salons und deren Überwindung in der „privaten" Aufzeichnung vor der Natur bestimmten zeitlebens Corots Werk. Von den mythologischen Szenen überzeugen nur sein *Homer und die Hirten* (1845, Musée Saint-Lô) und die *Flucht nach Ägypten* (1840, Rosny-sur-Seine). Sicher nicht zufällig wagte er erst nachdem ihm drei Jahre zuvor durch die Ernennung zum Ritter der Ehrenlegion nachhaltige öffentliche Ehrung zuteil geworden war, im Salon von 1849 eines seiner als „études" deklarierten Freilichtbilder, die Studie *Ansicht des Kolosseums* zu präsentieren. Heute indes besteht die Mehrzahl der Werke Corots in Museumsbesitz aus eben jenen so lange von ihm geheim gehaltenen Naturstudien und Skizzen. „Das Beispiel Corots zeigt, dass die Grenze zwischen Tradition und Neuerung mitten durch ein Genie verlaufen konnte." (15)

1828 aus Italien zurückgekehrt, ließ sich Corot erneut in Paris nieder. Er nahm jenen Arbeitsrhythmus auf, der in den folgenden Jahrzehnten sein Schaffen bestimmen sollte: in den unwirtlichen Herbst- und Wintermonaten arbeitete er auf, was er in den freundlicheren Jahreszeiten auf seinen Streifzügen in der Natur an Material zusammengetragen hatte. Auf diese Weise schuf er nach und nach ein facettenreiches Bild der Kulturlandschaft Frankreichs. Kaum ein Maler reiste so viel wie er, der die französische Provinz von der Kanalküste bis in die Provence, von der Küste des Atlantiks bis ins Jura-Gebirge durchwanderte.
In der Phase der politischen Zuspitzungen während der Julirevolution 1830, die in der Kunst und Literatur ihren Niederschlag fanden, man denke nur an Daumiers *Parlament der Juli-Monarchie* (1832), Delacroix' *Die Freiheit führt das Volk an* (1830) oder an das Romanschaffen von Balzac und Stendhal, verließ Corot Paris und durchzog das Land. Eines seiner wichtigsten Landschaftsbilder entstand: *Die Kathedrale von Chartres*. Durch einen alltäglich-nüchtern wirkenden Vordergrund, vorbei an Bausteinen und einer von Baumwipfeln überragten Erdaufschüttung, wird der Blick im Zickzack zum Mittelgrund geführt, bis sich eine lang gestreckte Fassade als Barriere ins Bild schiebt, hinter der unvermittelt die Kathedrale in den lichten Himmel aufragt. Deutlich voneinander abgesetzt folgen die Bildebenen aufeinander – eine klare, klassische Kompositionsweise. Noch dominieren die hellen Blau- und Ockertöne der frühen italienischen Landschaften, wenngleich sie abgemildert, schon leicht von duftigem Perlgrau durchdrungen erscheinen, aus er dem jene charakteristische Stimmung der späteren Werke (etwa ab 1850), der grüngrausilbrig verschwommenen *Souvenirs* gewoben hat, die zum Beispiel den Zauber von *Erinnerung an Mortefontaine* ausmacht. Markiert die *Kathedrale von Chartres* einen Höhepunkt des Frühwerks, so gehört die *Erinnerung an Mortefontaine* zu den Glanzlichtern des Spätwerks. Germain Bazin hält beide Gemälde für die charakteristischsten Landschaften Corots.
Corot, paysagiste – so nannte er sich, bescheiden und stolz zugleich. Wollte man eine Darstellung seines Werkes allerdings auf die Landschaften beschränken,

forderte man den Vorwurf der Einseitigkeit heraus, obgleich jener Teil des Oeuvres bis heute wohl der populärste ist. Gewiss stand in den verschiedenen Phasen der Corot-Rezeption - hier dominierten vor dem ersten Weltkrieg die verschwommen-poetischen *Souvenirs*, später die frühen, klar und fest gebauten italienischen Impressionen – die Landschaft im Zentrum der Betrachtung. Während für die ihm nahe stehenden, zum Teil ihm freundschaftlich verbundenen Maler von Barbizon wie Charles Daubigny der Mensch als Bildgegenstand kaum infrage kam, wandte sich Corot auch der menschlichen Figur zu, auch hier dem Salondiktat folgend. „Sie lag nicht von vornherein in der Begabung Corots. Er war sofort Landschafter; der Mensch interessierte ihn erst viel später." (16) Neben den mythologischen und religiösen Kompositionen für den Salon und gelegentlichen Bildnissen entstanden in den letzten Lebensjahren Frauenfiguren von ergreifender Schlichtheit und Ausdruckskraft wie *Die Frau mit der Perle* (1868-70, Paris, Louvre), *Zigeunerin am Brunnen* (1865-70, Philadelphia, Museum of Art) oder jene *Marietta oder Römische Odaliske* (Paris, Musssee du Petit Palais) deren arabeskenhafte Kontur zweifellos an die in kalter Schönheit gleißende Ingres'sche Odaliske erinnert, sich jedoch von ihr auch gravierend unterscheidet, denn sie lebt, sie atmet und all diese Frauen ruhen vor allem in sich selbst. Die Ruhe, die sie ausstrahlen, geht auch von Corots Landschaften aus. So darf man wohl auch Meier-Graefe verstehen, wenn er sagt „Er wurde der große Frauenmaler, weil er der große Landschafter war." (17)

Anmerkungen

1 Bernhard Geiser war 1937 Museumsdirektor in Zürich
2 Bernhard Geiser, Besuch bei Klee in Bern 1937. in: DU Nr. 248, 21. Jg., Oktober 1961
3 Julius Meier-Graefe, Entwicklungsgeschichte der modernen Kunst, I, Berlin 1930, 209
4 Georges Besson, Moderne Kunst in Frankreich, Dresden 1985, 288
5 Germain Bazin, Corot, Berlin 1947, 7
6 Charles Baudelaire, Le salon de 1845, in: Pierre Miquel, Paysage Française au XIX siècle – Ecole de la nature, Maurs la Jolie 1975
7 Camille Corot, Brief an M. de Veauchesne, Paris, den 5.2.1871. in: Camille Corot, Briefe aus Italien… (Hrsg. Hans Graber), Leipzig 1924, 76
8 Corot reiste 1825 gemeinsam mit dem jungen Dresdener Maler Johann Carl Baehr (einem Urenkel des Erbauers der Dresdener Frauenkirche), den er in Bertins Atelier kennen gelernt hatte, über die Alpen nach Rom, wo sie in der Folge auch gemeinsam arbeiteten. In: Hans Joachim Neidhard, Die Malerei der Romantik, Dresden/Leipzig 1976, 244s., 361
9 Julius Meier-Graefe, Camille Corot, München 1913, 16/17

10 Zum Beispiel mokierte man sich angesichts von 30 Arbeitssitzungen, die der junge Maler für sein *Kolosseum, von den Farnese-Gärten aus gesehen* (1826, Paris, Louvre) aufgewendet hatte. Zit. nach Bauer, Enzyklopädie der Malerei, II, Freiburg/Basel/Wien 1975
11 Julius Meier-Graefe, Camille Corot, München 1913, 17
12 Rudolf Zeitler, Die Kunst des 19. Jahrhunderts, in: Propyläen-Kunstgeschichte, XI, Berlin 1984, 77
13 Camille Corot, Brief an Abel Osmond, März 1826. in: Camille Corot, Briefe aus Italien… ((Hrsg. Hans Graber), Leipzig 1924, 22
14 Julius Meier-Graefe, Corot, Berlin 1930, 35
15 Werner Spieß, Zwischen Tradition und Neuerung, zur Corot-Ausstellung in Edinburg, in: Frankfurter Allgemeine Zeitung vom 8.9.1965
16 Julius Meier-Graefe, Corot, Berlin 1930, 58
17 Id., 59

Corot-Rezeption in Kunstliteratur und Presse – Streiflichter

In einer Landschaft von Corot gibt es Bäume, Efeu, durchsichtige Wasserläufe, in denen Nymphen wohlig baden… Die Nymphen Corots tanzen als Nymphen, nicht als Sterbliche von heute. Alles gedeiht in ruhiger Gelassenheit und Sammlung und die tiefen Wasser wurden nie jemandem zum Grab. Corots ganze Seele ist in seine Landschaften übergegangen. Die Luft atmet Güte, während die hohen schlanken Baumstämme Grazie und Adel atmen. Er hat Griechenland mit seinen der Natur entnommenen Freuden begriffen.

Paul Gauguin, Brief an Emile Schuffenecker vom 14.1.1885

Im 19. Jahrhundert gab es kühne neuerer, Maler mit größerer Ausstrahlung als Camille Corot, jener zurückhaltende Pariser Kleinbürger. Es gab aber keine, die mit so begrenzten Mitteln in diesem maße reine Maler und – mit seinem Nachdruck – einfühlsame Vertraute ihrer Empfindungen waren… man hat Ähnlichkeiten mit dem Fabeldichter bei ihm gefunden: der gutmütige La Fontaine, der gutmütige Corot. Viel eher ist er wohl der Urgroßneffe von Franz von Assisi, ein heiliger Franz, der nur seine Palette und seine Offenherzigkeit behalten hätte.

Georges Besson, Notre ami Corot, in: Les Etoiles vom 30.6.1946

Corot ist die Seelenbewusstheit der Landschaft. Seine Porträts sind einfachste Innigkeit. Monumentalität aus sich selbst, ganz unvorhergesehen; beinah Scheu hat Corot davor, aber sie stellt sich immer ein. Die Lyrik ist bei ihm eigentlich immer weiblich, aber seine Frauengestalten sind ernst, in sich ergriffen, niemals zierlich. Corots Welt ist eine passive, erleidende.

Theodor Däubler, Der neue Standpunkt, Dresden 1957, 57

Corot antizipierte ein Wirklichkeitserlebnis, das seinem Kunstzeitalter, der Generation von Ingres, Delacroix und Courbet, fremd war. Nicht die leidenschaftliche Geste eines Delacroix noch das statuarische Pathos eines Ingres inspirierten ihn, sondern das Gleichmaß der Empfindungen angesichts der besonnten Natur (zu der auch der Mensch gehört). Corots Werke sind Abbildungen einer ungestörten Harmonie, in der Erregung keinen Platz hat und die Gefühle nur mit gedämpfter Intensität zum Ausdruck kommen.

Hans Heinz Holz, Süddeutsche Zeitung vom 3.2.1960

Man kann die Figurenbilder Corots – sie machen etwa ein zwanzigstel seiner ganzen künstlerischen Produktion aus – als Gelegenheitswerke betrachten, sie fallen aber aus seinem Gesamtwerk nicht heraus. Es sind Porträts, in denen das vage, Unbestimmbare vorherrscht, in denen sich kein Gefühl voll ausspricht: eine große Modulationsbreite bleibt erhalten – so wie in seinen Landschaften. Germain Bazin … hat daher mehr als ein Bonmot geprägt, wenn er Corot „Landschafter des Gesichts" nennt.

Werner Spieß, Tagesspiegel vom 19.7.1962

Er wollte sein Leben lang nichts anderes, als die sinnliche Erfahrung auf die Leinwand bringen. Diese Nüchternheit bewog viele Zeitgenossen, in Corot einen ehrlichen und treuherzigen Außenseiter zu sehen. Auch Baudelaire notierte in seinen „Curiosites esthetiques", Corot sei ein naiver Maler. Der Naturbegriff, den Corot auf so reine Weise in seinem Werk vortrug, gehörte zu dem, was Baudelaire am meisten hassen musste. Delacroix, dem Maler der „creation" stünde folglich der Maler gegenüber, der akzeptierte, der sich mit dem Blick auf die Dinge begnügte. Aber so einfach ist das Verhältnis zwischen den beiden Malern doch nicht.

Werner Spieß, Frankfurter Allgemeine Zeitung vom 8.9.1965

Während die späten, silbernen Landschaften sich zu Dutzenden verkaufen – und schon zu hunderten gefälscht werden – beugt sich der alte Corot über die neue Erfahrung seiner Frauenbilder. Nie ist sein Kolorit so überraschend und erlesen wie hier – nicht weiter auf dem Weg zum Impressionismus wie in den Landschaften der mittleren Zeit, sondern durchaus kunsthaft, elaboriert in langen Spekulationen mit dem Pinsel. Geronnenes Rot, ganze Zonen von Veilchenblau, Rost und Ockergelb, selbst ein klingendes, doch mildes Schwarz, sie alle eingebettet in die Zartheiten der farbigen Grautöne („gris Corot"); Akkorde, wie sie der Landschafter Corot nicht kennt; oft in dichten Pasten aufgesetzt, oft in dünnen Farbhäuten ausgespannt; insgesamt eine Farbtextur ergebend, deren Substanz sich nach dem hundertsten Betrachten nicht verzehrt.

Emil Maurer, Neue Zürcher Zeitung vom 22./23.2.1975

Seit 1850 werden Nymphen und andere weibliche Wesen in lyrische
Landschaften eingeschmolzen, die Corot nun über zwei Jahrzehnte malt,
nicht ohne in gelegentliche Stereotypien zu verfallen. Die Figur ist nun
Stimmungsträger, wie die verwehten Bäume, die gotische Harfe der
Kathedralen im Hintergrund oder das grausilberne Kolorit auch. Die
Musikalität dieser Bilder, die „Souvenir de Mortefontaine" oder „Mantes le
soir" heißen, rückt sie in die Nähe von Whistler und leitet den Symbolismus
in der Landschaft ein.

Günter Metken, Stuttgarter Zeitung vom 21.8.1975

Bibliographie

Henri Dumesnil, Corot. Souvenirs intimes, Paris 1875
Robert Miles, Album classique des chefs d'œuvre de Corot, Paris 1895
Alfred Robaut/Etienne Moreau-Nélaton, L'œuvre de Corot. Histoire de Corot et
de ses œuvres, 4 vol., Paris 1905
Julius Meier-Graefe, Camille Corot, München 1913
Etienne Moreau-Nélaton, Corot raconté par lui-même, 2 vol., Paris 1924
Camille Corot. Briefe aus Italien. Briefe aus späterer Zeit. Aufzeichnungen über
Kunst (Hrsg. Hans Graber), Leipzig 1924
Julius Meier-Graefe, Corot, Berlin 1947 (französische Erstausgabe Paris 1942)
Germain Bazin, Corot, Paris 1951
Maurice Serullaz, Corot, Paris 1951
Alfred Robaut, L'œuvre de Corot (erweiterte Neuauflage), 5 vol., Paris 1965/66
Jean Leymarie, Corot, Genève 1979
Antje Zimmermann, Studien zum Figurenbild bei Corot, Köln 1986
(Dissertation Universität Köln 1985)